Bibliografische Information der Deutschen Nationalbibliothek:

Die Deutsche Bibliothek verzeichnet diese Publikation in der Deutschen National-bibliografie; detaillierte bibliografische Daten sind im Internet über http://dnb.d-nb.de/ abrufbar.

Impressum:

Copyright © 2010 GRIN Verlag, Open Publishing GmbH
Druck und Bindung: Books on Demand GmbH, Norderstedt Germany
ISBN: 9783640595006

Dieses Buch bei GRIN:

http://www.grin.com/de/e-book/148409/business-intelligence-in-der-cloud

Norman Bernhardt

Business Intelligence in der Cloud

Aspekte eines dezentralen Data Warehouse aus Sicht eines Anwenderunternehmens

GRIN Verlag

Fachhochschule Dortmund

Fachbereich Informatik
Verbundstudiengang Wirtschaftsinformatik

Hausarbeit
zur Erlangung des Leistungsnachweises
in der Lehreinheit
„IT-Controlling"

Business Intelligence in der Cloud –
Aspekte eines dezentralen Data Warehouse
aus Sicht eines Anwenderunternehmens

vorgelegt am: 09.01.2010
vom cand.:   Norman Bernhardt

Inhaltsverzeichnis

Abbildungsverzeichnis

Abkürzungsverzeichnis

aktual.	aktualisierte
BDSG	Bundesdatenschutzgesetz
BI	Business Intelligence
CRM	Customer Relationship Management
d. Verf.	des Verfassers
DWH	Data Warehouse
ETL	Extrahieren/Transformieren/Laden
ERP	Enterprise Ressource Planning
Haas	Human as a Service
HTTPS	Secure Hypertext Transfer Protokol
IaaS	Infrastructure as a Service
IT	Informationstechnologie
OLAP	Online Analytical Processing
PaaS	Platform as a Service
PPS	Produktionsplanungs- und Steuerungssystem
RDP	Remote Desktop Protokoll
SaaS	Software as a Service
SOA	Serviceorientierte Architektur
URI	Uniform Resource Identifier
überarb.	Überarbeitete
VPN	Virtual Private Network
XML	Extensible Markup Language

1 Einleitung

In Zeiten globaler Krisen und Unsicherheiten stellt die Erhöhung der Steuerbarkeit von Unternehmen eine zentrale Aufgabe des Managements dar. Eine bessere Informationsversorgung für Entscheidungsträger, sowie Analysen von Schwachstellen und Einsparpotenzialen rücken in den Fokus.

Business Intelligence (BI)-Systeme unterstützen Unternehmen dabei, ihre geschäftskritischen Daten und Prozesse transparent zu machen und versetzen Mitarbeiter in die Lage, bessere Entscheidungen zu treffen, sowie notwendige Ergebnisse schneller zu erzielen.

Die Integration von BI-Lösungen in die Unternehmensinfrastruktur, sowie der spätere Betrieb stellen jedoch hohe Anforderungen an die IT-Abteilungen dar und sind oft mit großen Investitionen verbunden.

Ein Ansatz zur Entkopplung der betriebswirtschaftlich notwendigen BI-Lösungen von den damit unweigerlich verbundenen technischen Aspekten des Plattformbetriebs könnte das Konzept des Cloud Computing sein.

Da die „Wolke" noch als großer und wenig transparenter Hype betrachtet wird, soll diese Hausarbeit die aus BI-Sicht bestehenden Anforderungen gegen die Aspekte einer Implementierung in der Cloud legen, und neben technischen Parametern auch auf nichtfunktionale Anforderungen eingehen.

Es gilt also die Frage zu beantworten, inwiefern BI-Lösungen nach dem Konzept des Cloud Computing umsetzbar sind.

2 Theoretische Grundlagen der BI

2.1 Begriffsdefinition BI

Die richtigen Daten, zur richtigen Zeit, am richtigen Ort. Auf den Punkt gebracht sind dies die Anforderungen, welche Applikationen und Prozesse im BI-Umfeld im Fokus haben. Im etwas weiteren Sinne umfasst BI alle direkt und indirekt für die Entscheidungsfindung eingesetzten Anwendungen und beinhaltet neben der

Auswertungs- und Präsentationsfunktionalität auch die Prozesse der Datenauf-
bereitung und -speicherung[1], wie die nachstehende Grafik veranschaulicht.

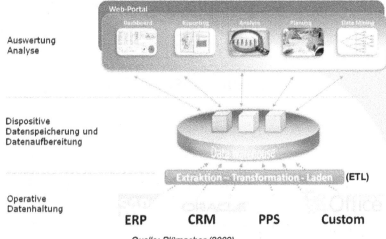

Quelle: Plümacher (2009)
Abbildung 1: Grobüberblick BI Komponenten

2.2 Begriffsdefinition Data Warehouse

Als elementare Komponente von BI-Systemen fungiert das Data Warehouse
(DWH). Der Begriff DWH wurde wesentlich von William H. Inmon geprägt. Ein
DWH ist die Zusammenführung von einem oder mehreren operativen Datenbe-
ständen in ein logisch zentralisiertes dispositives Datenhaltungssystem.[2] Ideal-
typisch dient ein DWH unternehmensweit als einheitliche und konsistente Da-
tenbasis für alle Arten von Managementunterstützungssystemen und bildet somit den sogenannten Single Point of Truth.[3]

---

[1] Vgl. Kemper, H.-G. et al. 2004, S. 4.
[2] Vgl. ebenda, S. 17.
[3] Vgl. Muksch, H./Behme W. 2000, S. 6.

2.3 Begriffsdefinition Berichtswesen

Bezogen auf den betrieblichen Kontext wird unter einem Bericht eine aufberei-
tete Darstellung betriebswirtschaftlicher Sachverhalte zu einem abgegrenzten
Verantwortungsbereich verstanden.[4]

Systeme zur Erzeugung und Bereitstellung von Berichten werden unter dem
Begriff betriebliches Berichtswesen zusammengefasst.[5]

2.4 Begriffsdefinition Analyse

Neben dem standardisierten Zugriff auf Informationen über das Berichtswesen
bietet die dimensionale Modellierung der Daten vor Allem die Möglichkeit tief-
gründige Analysen durchzuführen. Analysen können einfache arithmetische
Operationen (z.B. Aggregationen) sein oder bis hin zu komplexen statistischen
Untersuchungen (z.B. Data Mining) reichen.[6]

3 Theoretische Grundlagen des Cloud Computing

3.1 Begriffsdefinitionen

3.1.1 Cloud Computing

Der Begriff Cloud entstammt der allgemein üblichen Darstellung des Internets
als Wolke in Netzwerkdiagrammen. IT-Infrastrukturen, Plattformen und Anwendungen werden beim Konzept des Cloud Computing als elektronisch verfügbare
Dienste aus dem Web angeboten.[7]

---

[4] Vgl. Kemper, H.-G. et al. 2004, S. 110.
[5] Vgl. Horváth, P. 2003, S. 606.
[6] Vgl. Bauer, A./Günzel, H. (Hrsg.) 2009, S. 66.
[7] Vgl. Baun, C. et al. 2010, S. 1.

3.1.2 Virtualisierung

Ein elementares Konzept des Cloud Computing ist das der Virtualisierung. Der Nutzer des jeweiligen Dienstes hat hierbei eine individuelle und skalierbare Sicht auf die Infrastruktur, die Plattform oder die Anwendung. Es existieren hierbei keine systembedingten Abhängigkeiten oder Zwangsbedingungen für die Anwendungen des Nutzers.[8]

3.1.3 Service-orientierte Architekturen

Service-orientierte Architekturen (SOA) bilden neben der Virtualisierung eine weitere wichtige Voraussetzung für das Cloud Computing. Sie stellen voneinander unabhängige Dienste zur Verfügung, welche flexibel gekoppelt und orchestriert werden können. Die Verwendung der, in einer SOA-Architektur angebotenen, Dienste kann nicht nur von Nutzern, sondern auch durch andere Dienste oder Anwendungen erfolgen. Die Dienste sind plattform- sowie sprachunabhängig und wieder verwendbar.[9]

3.1.4 Web Services

Da sich die Komponenten einer SOA zumindest theoretisch auf unterschiedlichste Rechnernetzwerke verteilen können, ist eine nachrichtenbasierte Kommunikation über Web Services notwendig, um potentiellen Problemen wie hohen Antwortzeiten, geringen Datenübertragungsraten oder unzuverlässigen Verbindungen zu entgegnen.[10] Web Services definieren sich laut der Web Services Architecture Group des W3C wie folgt: „A Web service is a software application identified by a URI, whose interfaces and binding are capable of being

---

[8] Vgl. Baun, C. et al. 2010, S. 2.
[9] Vgl. ebenda, S. 16 ff.
[10] Vgl. ebenda, S. 21.

defined, described and discovered by XML artifacts and supports direct interactions with other software applications using XML based messages via internet-based protocols." [11]

3.2 Cloud-Architekturen

Cloud-Architekturen können aus zweierlei Perspektiven betrachtet werden: der organisatorischen und der technischen Sicht.

3.2.1 Organisatorische Perspektive

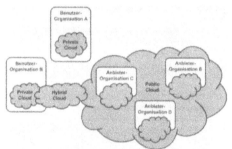

Organisatorisch existiert eine Unterscheidung in die folgenden drei Arten: [12]

Quelle: Baun et al. (2010, S. 26)
Abbildung 2: Organisatorische Cloud Arten

Public Cloud: Gehören Anbieter und potentieller Nutzer nicht derselben organisatorischen Einheit an, wird die Cloud als Public bzw. External eingestuft. In der Regel ist diese Cloud öffentlich über ein Web-Portal zugänglich.

Private Cloud: (auch Internal Cloud oder IntraCloud genannt) Gehören Anbieter und potentieller Nutzer der gleichen organisatorischen Einheit an, wird die „Wolke" meist aus Sicherheitsgründen als Private Cloud instanziiert.

Hybrid Cloud: Die Hybrid Cloud ist eine Mischform aus Public- und Private

---

[11] Austin, D. et al. 2002, S. 3 [Übersetzung d. Verf.: „Ein Web Service ist eine durch einen Uniform Resource Identifier (URI) eindeutig identifizierte Softwareanwendung, deren Schnittstellen als Extensible Markup Language (XML)-Artefakte definiert, beschrieben und gefunden werden können. Ein Web Service unterstützt die direkte Interaktion mit anderen Softwareagenten durch XML-basierte Nachrichten, die über Internetprotokolle ausgetauscht werden."].

[12] Vgl. Baun, C. et al. 2010, S. 25 ff.

Cloud. Der Regelbetrieb erfolgt meist in der Private Cloud und nur bestimmte Funktionen oder Lastspitzen werden in der Public Cloud betrieben.

3.2.2 Technische Perspektive

Basierend auf der Bereitstellung der Dienste für IT-Infrastrukturen, Plattformen und Anwendungen lassen sich folgende technische Nutzungsansätze ableiten:[13] [14]

Infrastructure as a Service (IaaS): Die IaaS-Schicht bezieht sich auf eine abstrahierte Sicht auf die Hardware (Computer, Speicher, Netzwerk, usw.).

Platform as a Service (PaaS): Die PaaS-Schicht richtet sich in erster Linie an Entwickler, welche Ihre Software auf den Unterschichten Programming Environment und Execution Environment entwickeln und ausführen können.

Software as a Service (SaaS): Die SaaS-Schicht bietet dedizierte Softwareanwendungen für den Endkunden an.

Human as a Service (HaaS): Die HaaS-Schicht erweitert die technischen Komponenten um die Ressource Mensch, der als Dienstleistung der Cloud beispielsweise Übersetzungs- oder Designdienste anbieten kann.

3.3 Beispiele für Cloud-Angebote

In der nahen Vergangenheit haben bereits einige Unternehmen Angebote auf Basis des Cloud Computing entwickelt und dem Markt teilweise zugänglich gemacht. Beispielhaft seien Amazon, Microsoft, Google, Salesforce.com und IBM genannt. Aufgrund der Verknüpfung zum Thema der Hausarbeit wird auf die beiden Ersten etwas näher eingegangen.

---

[13] Vgl. Baun, C. et al. 2010, S. 27 ff.
[14] Vgl. Velte, A. T. et al. 2010, S. 11 ff.

3.3.1 Amazon Web Services

Geboren aus der Notwendigkeit Ressourcen des Online-Shops hochgradig ska-
lierbar (z.B. Weihnachtszeit) vorzuhalten, entstand ein inzwischen sehr weitrei-
chendes Engagement von Amazon im Bereich Cloud Services. Nachfolgend
sind kurz die wichtigsten Angebote skizziert:[15] [16]

Elastic Compute Cloud: Verwaltung und Nutzung virtueller Maschinen und
Rechenleistung für das eigene Unternehmen.

Simple Storage Service: Speicherung großer Datenmengen in einem im We-
sentlichen flach aufgebauten Massenspeicher.

Simple Queue Service: Service für das Einstellen von Nachrichten aus unter-
schiedlichen Applikationen (sog. Publisher). Das Auslesen der Nachrichten aus
der Nachrichten-Warteschlange erfolgt asynchron durch registrierte Applikationen (sog. Subscriber).

SimpleDB: Umsetzung einer einfachen relationalen Datenbank, basierend auf
dem Simple Storage Service.

3.3.2 Microsoft Azure

Microsoft entwickelt unter dem Codenamen Azure eine komplett Cloud-basierte
Betriebssystemplattform. Ergänzt wird diese Plattform durch die Azure Plattform
Services. Nachfolgend seien kurz die Hauptkomponenten skizziert: [17]

Windows Azure: Plattform für den Betrieb und die Steuerung von Diensten,
eingeschränkt skalierbarem Speicher, sowie Rechen- und Netzwerkleistung.

Microsoft SQL Services: Bereitstellung von Datenbankdiensten.

Microsoft .NET Services: Servicebasierte Implementierung des .NET-
Frameworks.

Microsoft Sharepoint Services und Microsoft Dynamics CRM Services:

---

[15] Vgl. Baun, C. et al. 2010, S. 40 ff.
[16] Vgl. Velte, A. T. et al. 2010, S. 21.
[17] Vgl. ebenda, S. 22.

Verwaltung und Nutzung von Geschäftsinhalten, Zusammenarbeit an Informationen, sowie Entwicklung von Lösungen.

4 Anforderungen an BI-Lösungen

Dieser Abschnitt soll auf die besonderen Anforderungen an BI-Systeme näher eingehen, um im weiteren Verlauf der Arbeit zu verdeutlichen, inwiefern diese in einem Cloud Computing Ansatz umsetzbar sind.

4.1 Kriterien des Online Analytical Processing

Um einen möglichst hohen Nutzen für den Anwender zu erzeugen, müssen Online Analytical Processing (OLAP)-Systeme nach der Definition von 1993 durch Edgar F. Codd die folgenden 12 Kriterien erfüllen:[18]

1. Multidimensionale konzeptionelle Sichtweise
2. Transparenz
3. Zugriffsmöglichkeit
4. Gleichbleibende Antwortzeiten bei der Berichterstellung
5. Client/Server-Architektur
6. Generische Dimensionalität
7. Dynamische Behandlung dünn besetzter Matrizen
8. Mehrbenutzer-Unterstützung
9. Uneingeschränkte kreuzdimensionale Operationen
10. Intuitive Datenbearbeitung
11. Flexible Berichterstellung
12. Unbegrenzte Anzahl von Dimensionen und Klassifikationsebenen

4.2 FASMI Evaluierungsregeln

Eine Konsolidierung dieser Eigenschaften fand 1995 durch Pendse und Creeth

---

[18] Vgl. Codd, E. F. et al. 1993 zitiert nach Kemper H.-G. et al. 2004, S. 93 f.

statt. Das Akronym „FASMI" steht für „Fast Analysis of Shared Muldimensional Information" und definiert sich wie folgt:[19]

- **Fast** (Geschwindigkeit): Das System soll reguläre Abfragen innerhalb von fünf, komplexe Abfragen in maximal 20 Sekunden beantworten.

- **Analysis** (Analyse): Das System soll eine intuitive Analyse mit der Möglichkeit von beliebigen Berechnungen anbieten.

- **Shared** (Geteilte Nutzung): Es existiert eine effektive Zugangssteuerung und die Möglichkeit eines Mehrbenutzerbetriebs.

- **Multidimensional**: Unabhängig von der zugrunde liegenden Datenbankstruktur ist eine konzeptionelle multidimensionale Sicht umzusetzen.

- **Information** (Datenumfang): Die Skalierbarkeit der Anwendung ist auch bei großen Datenmengen gegeben, so dass die Antwortzeiten von Auswertungen stabil bleiben.

4.3 Informationsbereitstellung

Die Art und Weise der Informationsbereitstellung trägt einen sehr großen Beitrag zur Akzeptanz einer BI-Lösung bei. Die Einstellung der Anwender wird geprägt durch die Informationsbereitstellung und ist somit entscheidend für den ganzheitlichen Erfolg der BI-Initiative. Nachfolgend sind einige wichtige Faktoren skizziert, welche bei der Informationsbereitstellung eine entscheidende Rolle spielen.

4.3.1 Datenqualität

Nach der DIN EN ISO 9000 definiert der Begriff Qualität den „Grad, in dem ein Satz inhärenter Merkmale Anforderungen erfüllt".[20]

Schlechte Datenqualität führt unweigerlich zum Vertrauensverlust bei den An-

---

[19] Vgl. Pendse, N./Creeth, R. 1995, zitiert nach Kemper H.-G. et al. 2004, S. 94 f.
[20] Deutsches Institut für Normung (Hrsg.) 2000 zitiert nach Bauer, A./Günzel, H. (Hrsg.) 2009, S. 45.

wendern. Die Taxonomie der Datenqualitätsmerkmale gestaltet sich wie folgt:[21]

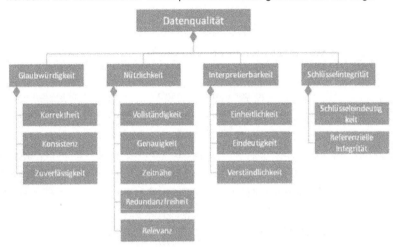

Quelle: Vgl. Bauer, A./Günzel, H. (Hrsg.) (2009, S. 45)
Abbildung 3: Taxonomie von Datenqualitätsmerkmalen nach Hinrichs

4.3.2   Geschwindigkeit des Zugriffs

Wie bereits in den vorangehenden Abschnitten dargelegt, handelt es sich bei BI-Systemen im Ansatz um unterscheidungsunterstützende Systeme, die ihre Informationen aus historischen Daten (bis einschließlich des Vortags) generieren, und aggregiert für die Beantwortung taktischer Fragen mit mittel- und langfristiger Bedeutung zur Verfügung stellen. Die Toleranz der Nutzer bzgl. der Abfragegeschwindigkeit ist hierbei bis zu einem gewissen Grad gegeben, da oft komplexe Prüf- und Berechnungsroutinen mit der simplen Beladung einher gehen.

Die zunehmende Nachfrage nach Real Time DWHs (Echtzeit) bzw. Near Time DWHs (Near Real Time) zur Überwachung und Steuerung aktueller Geschäftsprozesse und eingesetzter Systeme, lässt den Faktor der Zugriffsgeschwindig-

---

[21] Vgl. Hinrichs, H. 2002 zitiert nach Bauer, A./Günzel, H. (Hrsg.) 2009, S. 45 f.

keit jedoch zukünftig zu einem kritischen heranwachsen.[22]

4.3.3 Präsentation der Informationen

Die Präsentation der Informationen findet in der Regel in Form von Berichten und Analysen in Frontends statt, die den Nutzern eine möglichst komfortable, intuitive Handhabung aller Zugriffe und die grafische Aufbereitung sowie Verteilung von Ergebnissen ermöglicht.[23] Neben diesen Anforderungen ist für Endanwender oft maßgeblich, dass die Berichte und Analysen nahtlos in bestehende Unternehmensportale integriert und Ergebnisse in das Microsoft Office Format exportierbar sind. Eine möglichst hohe Usability fördert die Akzeptanz durch den Nutzer.

4.3.4 Sicherheitsaspekte

Sicherheit im Zusammenhang mit IT-Systemen umfasst nicht nur die technischen Fragestellungen, sondern auch ethische/moralische, soziale und rechtliche Aspekte. Die klassischen Kerninhalte Vertraulichkeit, Integrität und Verfügbarkeit spielen bei BI-Systemen eine besonders wichtige Rolle.
Eine Abbildung dieser Kerninhalte auf die technische Architektur eines BI-Systems lässt die Klassifizierung in folgende Themengebiete zu:[24]

- Netzwerksicherheit
- Benutzeridentifikation
- Authentifizierung
- Auditing
- Autorisierung
- Zugriffskontrolle

4.4 BI-Integration in die Unternehmensstrategie

---

[22] Vgl. Bachmann, R./Kemper, G. 2009, S. 74 ff.
[23] Vgl. ebenda, S. 102.
[24] Vgl. Bauer, A./Günzel, H. (Hrsg.) 2009, S. 159 ff.

Die langfristig und breit ausgelegte Ausrichtung der Unternehmenstätigkeit wird als Unternehmensstrategie verstanden. Die daraus abgeleitete IT-Strategie hat dann einen entsprechend hohen Stellenwert, wenn die Wertschöpfung maßgeblich von der IT abhängt.[25]

BI-Systeme, mit dem Charakter entscheidungsunterstützender IT-Komponenten, werden in der IT-Strategie oft nicht separat betrachtet. Auch unter dem Aspekt der rasant zunehmenden und unstrukturiert wachsenden Datenmengen ist dies jedoch maßgeblich für den Erfolg der BI-Systeme.

BI braucht somit eine eigene Rolle und Strategie innerhalb des Unternehmens. Die daraus resultierende technische und organisatorische Infrastruktur orientiert sich an den Geschäftsprozessen, den Organisationsstrukturen, den Anforderungen der Anwendergruppen und den im Unternehmen eingesetzten Technologien.[26]

Vier Ziele definieren die Autoren R. Bachmann und Dr. G. Kemper für eine solche BI-Strategie:[27]

- Treiben der Unternehmensstrategie
- Schaffung eines „Single Point of Truth"
- Kostensenkung
- Unternehmenswachstum, Umsatzsteigerung

5   BI-Lösungen in der „Cloud"

5.1   „BI in the Cloud" Architekturen

Die folgende Abbildung veranschaulicht eine Beispielarchitektur, bei der das DWH in der Cloud liegt und über einen gesicherten Zugang mit den Daten der Vorsysteme des Kunden beladen wird. Der Benutzer greift über lokale Frontends auf die Daten zu. Hierbei handelt es sich in der Cloud um die Komponenten Storage (DWH) und Software (ETL-Komponenten).

---

[25] Vgl. Bauer, A./Günzel, H. (Hrsg.) 2009, S. 378.
[26] Vgl. ebenda, S. 381.
[27] Vgl. Bachmann, R./Kemper, G. 2009, S. 124 ff.

Die Grafik lässt offen, ob auch das verwendete Webportal beim Cloud Provider betrieben wird. Je nach bestehender Infrastruktur und IT-Strategie des Kunden sind beide Varianten denkbar und sinnvoll. Eine nahezu vollständige BI-Lösung in der Cloud besteht aus den folgenden Komponenten:

- ETL-Komponenten
- Staging Datenbank
- DWH Datenbank
- Data Marts/OLAP-Cubes als Zugriffsschicht für AdHoc-Analysen
- Web-Portal mit integrierten Berichten und Analysen
- Analysesoftware (Berichts- oder Analyseclient), die via Remote Desktop Protokoll (RDP) zugreifbar ist.

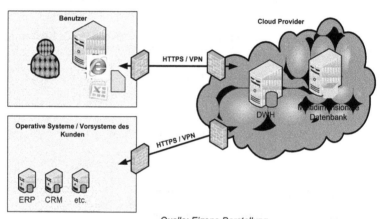

Quelle: Eigene Darstellung
Abbildung 4: BI in the Cloud Beispielarchitektur

5.2 Kritische Betrachtung des Konzepts

5.2.1 Vorteile und Chancen

In einem Reality Check der Computerwoche werden die wichtigsten Positivaspekte des Cloud Computing wie folgt dargestellt: [28]

---

[28] Vgl. Hermann, W. 2009, S.14 ff.

14

- Reduzierung der IT-Betriebs- und Planungskosten
- Solidere Kalkulation von IT-Projekten und bedarfsbezogene Abrechnung
- Höhere Servicelevels als mit interner IT realisierbar
- Skalierbarkeit (Optimales Abfedern von Lastspitzen und damit schnellere und flexiblere Reaktion auf veränderte Geschäftsanforderungen.)

Eine Ergänzung der Vorteile und Chancen findet sich über mehrere Quellen und ergibt sich zusätzlich aus der Gegenüberstellung mit den Anforderungen von BI-Lösungen:[29][30]

- Hoher Allgemein-Professionalitätsgrad sowie bei Sicherheitsmaßnahmen, als auch bei Notfallplanungen
- Weniger aufwändiger Proof of Concept für die Nutzung neuer Technologien
- Geringerer Energieverbauch, sowie Platzersparnis (Hardware)
- Geringere Kapitalbindung
- Konzentration auf das Kerngeschäft
- Umsetzbarkeit auch bei nicht vorhandenem Know-how

5.2.2 Nachteile und Risiken

Der Reality Check der Computerwoche stellt ebenfalls einige der Negativaspekte des Cloud Computing wie folgt dar:[31]

- Existenz unbeantworteter juristischer/sicherheitsrelevanter Fragen.
- Die Verfügbarkeit der Cloud Services hängt auch von Faktoren ab, die der Cloud-Provider nicht verantworten kann.
- Die Nutzung von Cloud-Diensten stellt eine neue organisatorische Herausforderung an IT-Abteilungen dar.
- Es existieren kaum breit akzeptierte Standards. Der Wechsel zwischen Cloud-Anbietern ist somit erschwert.

Die Gegenüberstellung mit den bereits skizzierten Anforderungen im Bereich

---

[29] Vgl. Velte, A. T. et al. 2010, S. 29 ff.
[30] Vgl. Baun, C. et al. 2010, S. 8.
[31] Vgl. Hermann, W. 2009, S. 14 ff.

von BI-Lösungen fördert weitere Nachteile und Risiken zu Tage:

- Die Zuverlässigkeit der Internet-Übertragung (Sicherheit und Geschwindigkeit)[32] ist ein kritischer Faktor im Hinblick auf die Anforderungen der Informationskonsumation und Datenbewirtschaftung in BI-Lösungen.

- Die Idee des BI-Competence-Center sorgt für eine Optimierung der Schnittstelle zwischen IT und Fachbereich, da BI-Projekte meist durch die Fachlichkeit getrieben und gesponsort werden. Das Konzept des Cloud Computing treibt IT und Fach jedoch tendenziell wieder weiter auseinander. Der Anforderungsprozess wird komplizierter.

- Noch existieren kaum dedizierte „BI in the Cloud" Initiativen der klassischen BI-Software-Hersteller und auch die Reife des Anbietermarktes für Cloud Computing ist noch nicht gegeben.

- Auch nach Vertragsabschluss herrscht eine Ungewissheit über die tatsächlich eingesetzte Technik und Standards des Cloud Providers.

- Für die Verarbeitung von Massendaten scheint die Cloud zwar perfekt, das Problem ist jedoch die Integration/Übertragung der Daten in die BI-Cloud-Lösung.

5.3 Juristische Betrachtung

Grundsätzlich ist Cloud Computing von der rechtlichen Betrachtung her äquivalent zu anderen IT-Outsourcing-Projekten und wirft darüber hinaus keine prinzipiell neuen rechtlichen Fragestellungen auf. Durch die verstärkte Nutzung bestehender Technologien für die Erbringung von IT-Dienstleistungen über das Internet und die engere Verknüpfung dieser Technologien gewinnen jedoch die bekannten vertrags- und datenschutzrechtlichen Themen stärker an Bedeutung.

5.3.1 Vertragsrechtliche Aspekte

---

[32] Vgl. Baun, C. et al. 2010, S. 21.

Die nachfolgenden Betrachtungen, basierend auf dem Bitkom Leitfaden für Cloud Computing, widmen sich vorrangig den Public Clouds im Sinne der industrialisierten Form des IT-Outsourcing: [33]

Standardisierung

Eines der Hauptziele des Cloud Computing ist die Standardisierung von Services. Da BI-Systeme in den seltensten Fällen standardisierbar sind, fällt dieses Argument für die Verlagerung einer BI-Lösung in die Cloud meist weg. Ausnahmen bilden produktbezogene BI-Lösungen, wie in etwa die Reporting Engine bei Salesforce.com oder eine simple Verlagerung des Speichervolumens in die Cloud.

BI-Projekte werden zudem aufgrund Ihrer Komplexität in der Regel als Dienstleistung angeboten, und bieten somit zumindest vertraglich bereits die passende Konstellation zur Implementierung in der Cloud.

Wie bei klassischen Online-Delivery Modellen ist darauf zu achten, dass der Cloud Provider für den Übertragungsweg Internet nicht verantwortlich gemacht werden kann.

Mandantenfähigkeit

Das größte Einsparpotential des Cloud Computing ergibt sich aus der Nutzung derselben Hardware durch eine Vielzahl von Anwendern. Dies führt unter Umständen zur Verwendung gleicher physischer Ressourcen durch unmittelbare Konkurrenten. Mit Virtualisierungstechnologien und weiteren technologischen Schutzmaßnahmen kann dem Bedenken der Anwender zwar entgegengewirkt werden, jedoch sollten diese Schutzmaßnahmen (Berichtspflichten, Kontrollrechte, Vertragsstrafen) rechtlich flankiert sein.

Auch die vom Anwender ausgehende Gefahr, in etwa durch Nicht-Einhaltung vereinbarter Sicherheitsstandards, ist mit Haftungsbeschränkungen zu versehen.

Skalierbarkeit

Unbegrenzte Skalierbarkeit, im Extrem unter Zuhilfenahme externer Ressourcen in der globalen Cloud, ist eines der Hauptargumente für eine Verlagerung in die „Wolke". Genau hier stößt das Konzept jedoch unter anderem an rechtliche

---

[33] Vgl. Bitkom 2009, S. 48-51.

17

Grenzen. Verbindliche Kapazitätsaussagen externer Cloud Anbieter werden ebenso benötigt wie Aussagen über die Identifizierung beim Einsatz auf anonymen Ressourcen sowie über die Einhaltung des Datenschutzrechts bei der Verarbeitung personenbezogener Daten.

5.3.2 Datenschutz und Datensicherheit

Bei der Erhebung, Verarbeitung oder Nutzung personenbezogener Daten greift das Bundesdatenschutzgesetz (BDSG). Dieses verlangt die Einwilligung der betroffenen Personen bzw. das Eintreten eines gesetzlichen Erlaubnistatbestandes. Keine Relevanz hat das Gesetz bei Erhebung, Verarbeitung oder Nutzung von Daten nicht-natürlicher Personen (z.B. juristische Person) oder einer vorab durchgeführten Anonymisierung der Daten.
Bei Daten eines Unternehmens, welche nicht den datenschutzrechtlichen Schutzvorschriften unterliegen (in etwa technische Baupläne oder Kalkulationsvorschriften), werden die örtlichen Zugriffsmöglichkeiten des Landes, in dem der Cloud Provider seine Systeme betreibt, relevant und sind bei der Vertragsausgestaltung eingehend zu betrachten.[34]

5.4 Wirtschaftliche Aspekte

Die Kernaussage, mit Cloud Computing lassen sich die IT-Betriebs- und Planungskosten reduzieren, ist vermutlich korrekt. Der Endanwender zahlt für die tatsächlich genutzte Menge an Ressourcen und Diensten.[35]
Ganzheitlich betrachtet ist der Business Case für den Umzug der BI-Aktivitäten in die Cloud naturgemäß etwas komplexer. Wie auch generell bei der Implementierung von BI-Systemen gilt es aufzuzeigen, dass der Prozess langfristig erfolgsversprechend ist und das Risiko durch die Komplexität zwar hoch, aber

---

[34] Vgl. Bitkom 2009, S. 51-54.
[35] Vgl. Baun, C. et al. 2010, S. 2.

bei einem strukturierten Vorgehen überschaubar bleibt. Für eine korrekte Betrachtung müssen die Kosten des IST-Zustandes mit den Kosten der geplanten Lösung verglichen werden. Entsprechendes gilt für die Nutzenbetrachtung, die den Mehrwert des Soll-Zustandes im Fokus hat. [36]

Die folgenden Aspekte sind unter anderem für die Gesamtbetrachtung der Wirtschaftlichkeit des Unterfangens relevant:[37]

- Hardwarekosten
- Software-/Lizenzkosten
- Personalkosten
- Automatisierungsvorteile
- Flexibilitäts-/Mobilitätsaspekte (z.B. Zugriff aus dem Internet)
- Einsatzfokus BI-Abteilung (z.B. vom operativen ins taktische Geschäft)
- Einfluss auf die „Time to Market"
- Interne und externe Risikobetrachtung

5.5 Marktentwicklung

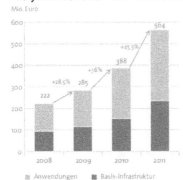

Analysten bewerten den weltweiten Cloud Computing Markt im Forecast auf 2013 mit einem Gesamtumsatzvolumen von 150 Mrd. US-Dollar. Das würde einer durchschnittlichen jährlichen Wachstumsrate von mehr als 26 % entsprechen.[38]

Quelle: Bitkom (2009, S. 16)

Abbildung 5: Entwicklung des Marktes für Cloud Computing

Der Anstieg auf dem deutschen Markt fällt dabei den Prognosen zufolge stärker aus, als der des globalen,

---

[36] Vgl. Bauer, A./Günzel, H. (Hrsg.) 2009, S. 469.

[37] Vgl. Velte, A. T. et al. 2010, S. 69 ff.

[38] Vgl. Bitkom 2009, S. 16.

da dieser aufgrund der anfänglichen Zurückhaltung einen Nachholbedarf insbesondere gegenüber dem US-Markt aufweist.

Natürlich sind diese Aussagen im Bezug auf BI-Lösungen zu relativieren. Sie geben dennoch einen eindeutigen Trend vor. Und auch BI-Software-Anbieter werden dem Wunsch der Anwenderunternehmen nach Kosteneffizienz und Sicherheit (Großunternehmen), qualitativ hochwertiger Software für wenige Arbeitsplätze (Mittelstand), sowie kostengünstigen aber professionellen Lösungen (Kleinunternehmen und Startups) nachgeben und sich mit den Themen „SaaS" bzw. „PaaS" auseinander setzen.

6 Fazit

Die in der Einleitung skizzierte Fragestellung, ob BI-Lösungen nach dem Konzept des Cloud Computing umzetzbar sind, ist prinzipiell mit „Ja" zu beantworten. Es stellt sich im Umkehrschluss jedoch die Frage, inwiefern Cloud Computing bereits reif für die Aufnahme von BI-Lösungen ist. Bis Technologien und Konzepte den Reifegrad erreicht haben, um BI-Lösungen anforderungsgerecht und erfolgreich an den Anwender zu bringen, wird vermutlich noch einige Zeit vergehen. Zusätzlich ist, wie in jedem BI-Projekt, eine der Hauptherausforderungen die Gewinnung des Anwendervertrauens. Es gilt also neben den technischen und konzeptionellen Hürden auch Marketing für BI in der Cloud zu betreiben!

Für einige mag der Begriff Cloud Computing wie ein weiterer Hype klingen, für diejenigen welche jedoch die Herausforderung annehmen, ergibt sich die Chance sich weniger mit dem Betrieb der Technologie zu beschäftigen, als sich auf den Informationsgehalt der Daten im Hinblick auf die Unterstützung der Geschäftsprozesse zu konzentrieren.[39]

---

[39] Vgl. Velte, A. T. et al. 2010, S. 22.

Quellenverzeichnis

Austin, D. et al (2002):
Web Services Architecture Requirements, [29.04.2002], Online im Internet:
http://www.w3.org/TR/2002/WD-wsa-reqs-20020429, [03.01.2010].

Bachmann, R./Kemper, G. (2009):
Raus aus der BI-Falle: Wie Business Intelligence zum Erfolg wird, Heidelberg,
et al.

Bauer, A./Günzel, H. (Hrsg.) (2009):
Data Warehouse Systeme: Architektur, Entwicklung, Anwendung, 3., überarb.
und aktual. Auflage, Heidelberg, et al.

Baun, C. et al (2010):
Cloud Computing: Web-basierte dynamische IT-Services, Berlin.

Codd, E. F. et al (1993):
Providing OLAP to User-Analysts: An IT Mandate.

Deutsches Institut für Normung (Hrsg.) (2000):
DIN EN ISO 9000-Qualitätsmanagementsysteme – Grundlagen und Begriffe,
Berlin.

Hermann, W. (2009):
Die Cloud fordert den CIO heraus – IT-Verantwortliche müssen sich mit den
Chancen und Risiken der Wolken-IT auseinandersetzen, in: Computerwoche, o.
Jg., Nr. 40 vom 28.09.2009, S.14 – 15.

Hinrichs, H. (2002):
Datenqualitätsmanagement in Data Warehouse-Systemen, Carl-von-Ossietzky-
Universität Oldenburg, Dissertation, Oldenburg.

Horváth, P. (2003):
Controlling, 9. Auflage, München.

Kemper, H.-G. et al (2004):
Business Intelligence – Grundlagen und praktische Anwendungen, Wiesbaden.

Mucksch, H./Behme W. (2000):
Das Data Warehouse-Konzept: Architektur – Datenmodelle – Anwendungen, 4.
Auflage, Wiesbaden.

Münzl, G. et al (2009):
Cloud Computing – Evolution in der Technik, Revolution im Business, Online im
Internet: http://www.bitkom.org/60376.aspx?url=BITKOM-Leitfaden-
CloudComputing_Web.pdf&mode=0&b=Themen, [07.10.2009].

Pendse, N./Creeth, R. (1995):
The OLAP Report.

Ricken, M. (2007):
Informationsmanagement: Integration von Geschäftsprozessen, Hagen.

Velte, A. T. (2010):
Cloud Computing: A Practical Approach, New York, et al.